| 정브르

136만 구독자를 보유한 생물 크리에이터. 곤충과 파충류부터 바다생물까지 다양한 생물을 소개하는 참신한 콘텐츠를 선보이며 생물 전문 크리에이터로 큰 사랑을 받고 있답니다. 유튜브 채널에서 동물 사육, 채집, 과학 실험 등의 재미있고 유익한 영상을 소개하고 있으며, 도서와 영화를 통해 고유의 콘텐츠와 더불어 동물을 사랑하는 마음까지 대중에게 알리고 있어요.

1판 1쇄 발행 2024년 5월 31일
1판 4쇄 발행 2024년 10월 31일

발행인 | 심정섭
편집인 | 안예남
편집장 | 최영미
편집자 | 김은솔, 이선민
브랜드마케팅 담당 | 김지선
출판마케팅 담당 | 홍성현, 김호현
제작 | 정수호

발행처 | (주)서울문화사
등록일 | 1988년 2월 16일
등록번호 | 제 2-484
주소 | 서울특별시 용산구 새창로 221-19
전화 편집 | 02-799-9375 **출판마케팅** | 02-791-0708
본문 구성 | 덕윤웨이브 **디자인** | 권규빈

ISBN 979-11-6923-905-9
  979-11-6438-488-4 (세트)

ⓒ정브르, ⓒSANDBOX NETWORK Inc. ALL RIGHTS RESERVED.

차례

탐구 브르의 물속 동물 탐구 노트-① • 4

1화. 하천에서 발견된 거대한 늑대거북 • 6
브르, 자라 양식장 방문 • 13
놀이 브르의 숨은 그림 찾기 • 22

2화. 브르, 헤엄치는 훔볼트펭귄을 만나다! • 24
무시무시한 상어 이빨 줍기 • 30

3화. 브르, 회귀성 어류인 황어를 만나다! • 38
신비한 물속 생물, 청소 물고기 • 44
브르가 만난 희귀한 물고기 • 52

4화. 토종 민물게, 나주게를 발견하다! • 62
몸 색깔이 파란 희귀 가재 • 70
뜰채로 잡은 바닷속 생물 • 76

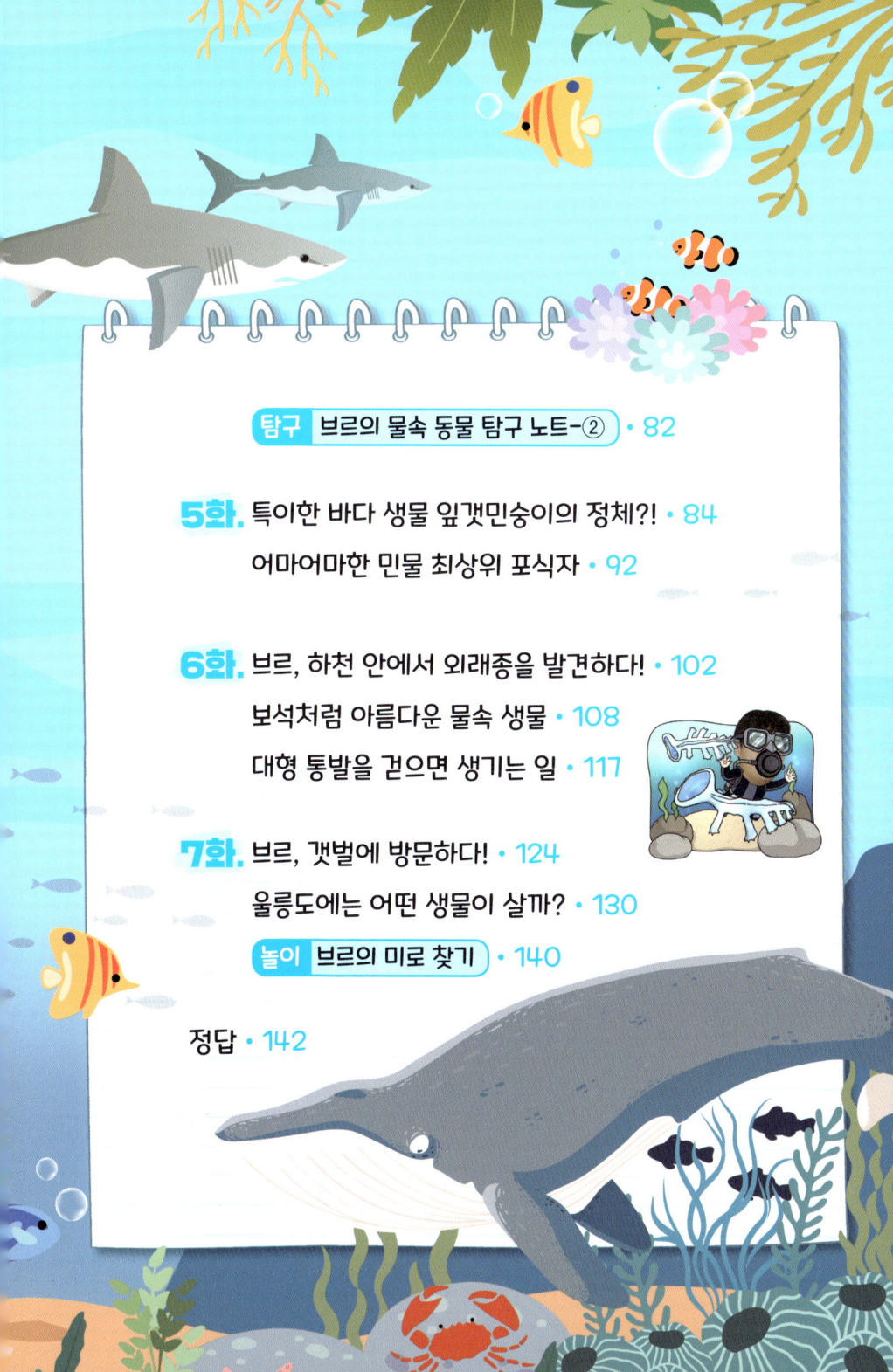

| 탐구 | 브르의 물속 동물 탐구 노트-② • 82 |

5화. 특이한 바다 생물 잎갯민숭이의 정체?! • 84
어마어마한 민물 최상위 포식자 • 92

6화. 브르, 하천 안에서 외래종을 발견하다! • 102
보석처럼 아름다운 물속 생물 • 108
대형 통발을 걷으면 생기는 일 • 117

7화. 브르, 갯벌에 방문하다! • 124
울릉도에는 어떤 생물이 살까? • 130

| 놀이 | 브르의 미로 찾기 • 140 |

정답 • 142

브르의 물속 동물 탐구 노트 - ①

물속 동물이란?

물속 동물이란 물속에서 살아가는 모든 동물을 뜻해요. 바다에 서식하는 동물, 강이나 하천에 서식하는 동물, 육지와 물을 오가며 생활하는 동물 등 세상에는 다양한 물속 동물이 있지요. 우리에게 익숙한 물고기뿐만 아니라 다양한 포유류와 파충류, 그리고 물방개와 같은 곤충까지도 물에서 살아가요.

물속 동물의 특징

대부분의 물속 동물은 아가미를 이용해서 숨을 쉬어요. 물속에 녹아 있는 산소를 흡수하는 방식이지요. 모든 물속 동물이 아가미가 있는 것은 아니에요. 아가미가 없는 고래와 같은 동물은 물 표면으로 올라와 공기를 저장하는 등 다양한 방식으로 호흡해요.

아가미뿐 아니라, 물속에서 생활하는 대부분의 동물은 지느러미와 비늘이 발달했어요. 지느러미는 물속에서 동물이 빠르고 자유롭게 이동할 수 있도록 하고, 균형을 잡아 줘요. 또한, 물고기에 주로 있는 많고 단단한 비늘은 외부로부터 손상을 막고, 온도 조절에 도움을 줘요.

동물들의 다양한 생태계

*포유류: 젖을 먹여 새끼를 키우는 동물.

하늘을 나는 동물

하늘에는 날개를 가지고 있고, 하늘을 날 수 있는 동물이 살아가요. 대표적으로는 새를 뜻하는 조류, 나비, 잠자리와 같은 비행 동물이 있지요. *포유류 중에서도 비행이 가능한 유일한 동물이 있는데, 바로 박쥐예요.

땅과 땅속에도 많은 동물이 살아가요. 땅에는 사자, 개와 같은 포유류와 뱀, 악어와 같은 파충류, 개구리, 두꺼비와 같은 양서류 등이 있어요. 대부분은 땅 위에서 기어다니거나 뛰어다녀서 다리가 발달되어 있지요. 땅속에는 두더지, 지렁이, 땅강아지 등 다양한 동물이 살고 있어요.

땅과 땅속에 사는 동물

물가와 물속에 사는 동물

물속에는 대표적으로 물고기 같은 어류가 살아가요. 그 외에도 고래와 같은 포유류나 거북과 같은 파충류도 물속에 서식하지요. 물속에서만 생활하지 않고 육지와 물을 오가며 생활하는 동물도 많은데, 이런 동물을 반수생 동물이라고 불러요.

1화 하천에서 발견된 거대한 늑대거북

안녕?

늑대거북

거대한 크기의 늑대거북.

안녕, 브린이들! 오늘은 낚시 중에 생태계 교란 생물인 늑대거북이 잡혔다 해서 왔어요.

브린이를 위한 상식

늑대거북은 힘이 아주 세고 공격성이 강해요. 새로운 환경에도 쉽게 적응하며, 먹이를 가리지 않고 먹는 최상위 포식자예요. 국내에는 천적이 거의 없어서 기존 생태계를 파괴할 수 있기 때문에 우리나라의 생태계 교란 생물로 지정됐어요.

우아~ 제가 본 늑대거북 중에서 크기가 가장 큰 것 같아요. 성인의 손보다도 훨씬 크죠?

등딱지에 이끼가 조금 낀 것 빼고는 깨끗한 상태네요!

큼직

남생이

자라

거북목 중에서 우리나라의 토종 생물은 남생이와 자라가 있어요.

그 외의 나머지 거북목은 거의 외래종이라 보면 될 것 같아요.

브린이를 위한 상식

우리나라 토종 거북목으로는 남생이와 자라가 있어요. 남생이는 산처럼 솟은 모양의 딱딱한 등딱지를 가졌고, 자라는 물렁하고 납작한 등딱지를 가졌지요. 특히 남생이는 우리나라 천연기념물이자 멸종 위기종으로 지정되어 보호를 받고 있어요.

늑대거북

제가 미국에서 늑대거북을 본 적이 있는데, 정말 크고 포악합니다.

실제로 미국에서 늑대거북과 악어거북에 의해 발가락이 잘리는 등의 사고가 굉장히 많대요.

포악하고 위험한 외래종 거북.

그래서 사고 방지를 위해 날카로운 것을 막대기에 달아서 물속 아래에 있는 늑대거북과 악어거북을 잡는다고 해요.

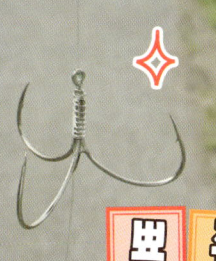

뾰족

미국에서는 토종 거북이라 퇴치하지 않고 다른 곳으로 이동한다고 합니다.

브린이를 위한 상식
외래 생물은 위험할 수 있으니 함부로 만지면 안 돼요.
만약 자연에서 위험한 외래 생물을 발견했다면,
외래 생물 신고 센터에 신고하여 생태계를 지켜 주세요.

브르, 자라 양식장 방문

오늘은 자라 양식장에 왔습니다.

이곳에서 자라를 어떻게 키우고 번식하는지 보여 드릴게요.

이 수조만 약 1,000평이 넘는다고 해요. 어느 정도 자란 자라는 여기에 풀어서 사육합니다.

지금 이곳에 수천 마리의 자라가 살고 있대요.

두둥

어마어마한 사이즈의 사육장.

사장님이 그물을 쳐서 자라를 잡아 주신대요.

그물

자라들이 기어다니다가 그물에 걸릴 거예요.

13

*성체: 생식이 가능한 다 자란 동물.

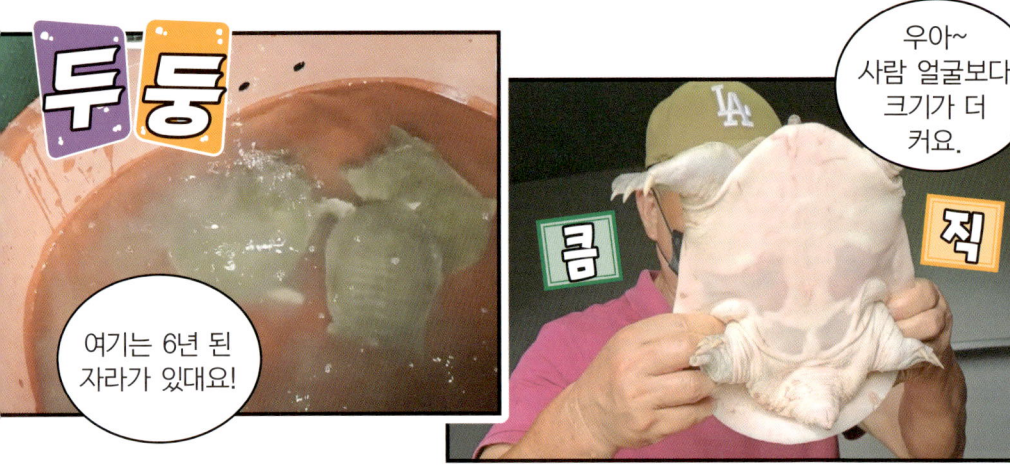

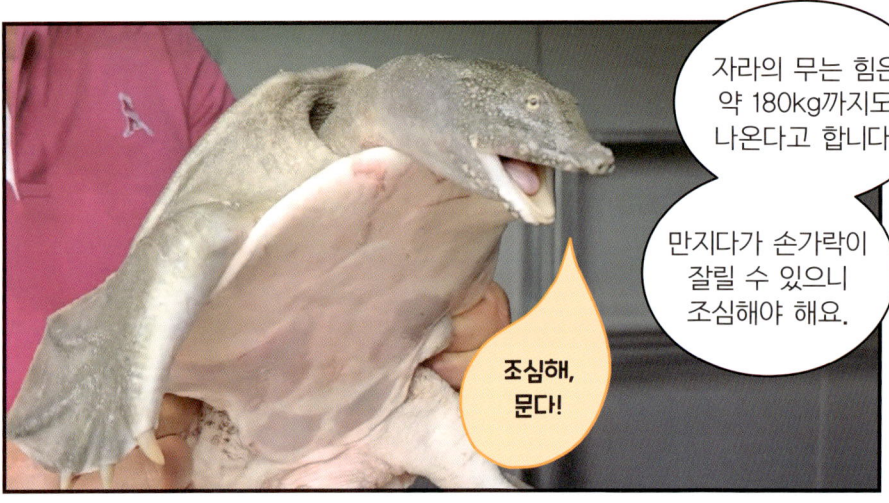

정브르의 생물 탐구

파충류인 거북은 주로 배와 등에 단단한 딱지가 있는 것이 특징이에요. 종에 따라 육지, 민물, 바다 등 다양한 환경에서 서식하며 평균적으로 약 20~30년 이상을 살아요.

영상으로 확인해 봐요!

★정브르의 생물 탐구★

생물 이름: 뱀목거북

뱀목거북은 뱀처럼 기다란 목을 가지고 있는 것이 특징이에요. 남아메리카, 뉴기니섬 등에 주로 서식하고, 먹잇감을 발견하면 긴 목을 뻗어 사냥하지요.

★비슷한 듯 다른 생물★

우리나라의 토종 민물 거북목은 자라와 남생이 단 2종이 있어요. 무분별한 남획과 서식지 파괴로 개체 수가 줄어 보호를 해야 하지만 외래종인 붉은귀거북과 비슷하게 생겨 구분이 어렵지요.

자라, 남생이, 붉은귀거북은 등딱지를 보고 구분할 수 있어요. 자라는 등딱지가 납작하고 물렁해요. 남생이와 붉은귀거북은 등딱지가 딱딱하지만 남생이의 등딱지는 산처럼 솟은 모양이고, 붉은귀거북의 등딱지는 완만한 곡선 모양이지요.

자라

붉은귀거북

브르의 숨은 그림 찾기

꼭꼭 숨어 있는 그림 5개를 찾아보세요.

숨은 그림 5개
색연필 선인장 파인애플 안경 숟가락

2화
브르, 헤엄치는 훔볼트펭귄을 만나다!

"오늘은 아기 펭귄을 만나러 왔어요!"

"브르 반가워~!"

귀여운 펭귄 친구들!

"아직 아기 펭귄이라 방수 깃털이 거의 안 났어요. 자라면서 솜털이 빠지고, 방수 깃털이 나오는데 다 나오면 그때부터 수영을 할 수 있어요."

"아직 털이 자라는 중이야!"

브린이를 위한 상식
날지 못하는 새로 유명한 펭귄은 물속에서 사용하기 편하도록 발달된 지느러미 모양의 날개를 가지고 있어요. 남극뿐만 아니라 갈라파고스펭귄처럼 적도 등 다른 지역에서 서식하는 펭귄도 있지요.

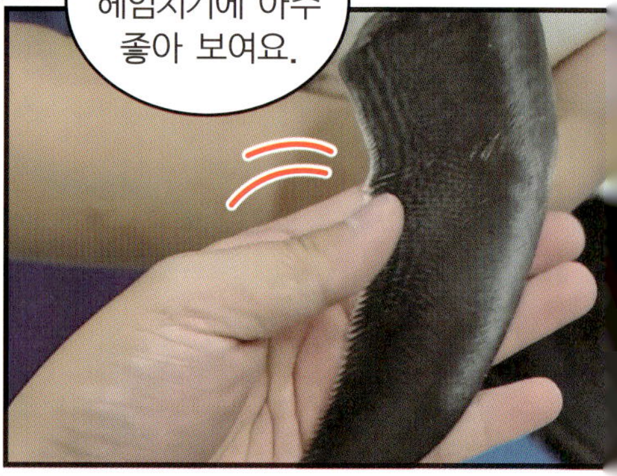

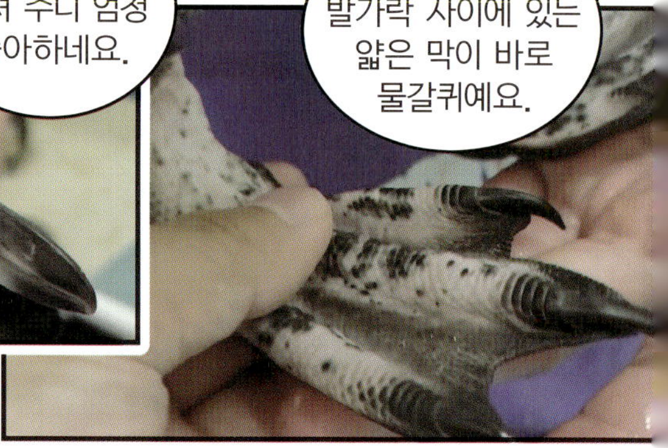

브린이를 위한 상식

훔볼트펭귄은 주로 남미 지역에 서식하는 펭귄으로, 훔볼트라는 이름은 남미 해안을 따라 흐르는 훔볼트 해류에서 유래했어요. 성체가 되면 머리와 가슴 부위에 검은 띠가 생기는 것이 특징이에요.

훔볼트펭귄

이 친구는 훔볼트펭귄이에요. 추운 곳에서 사는 대부분의 펭귄과 다르게 상온에서도 잘 살아가는 펭귄이에요.

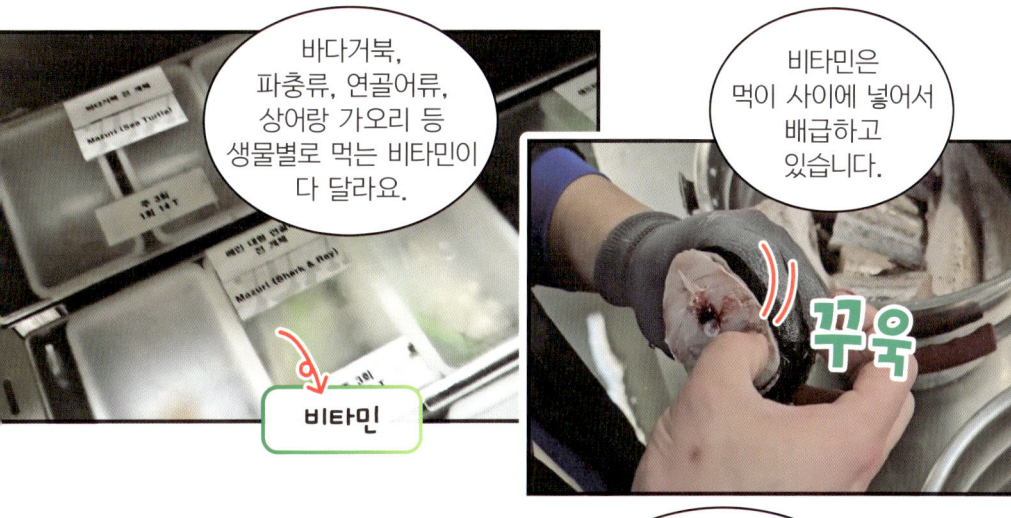

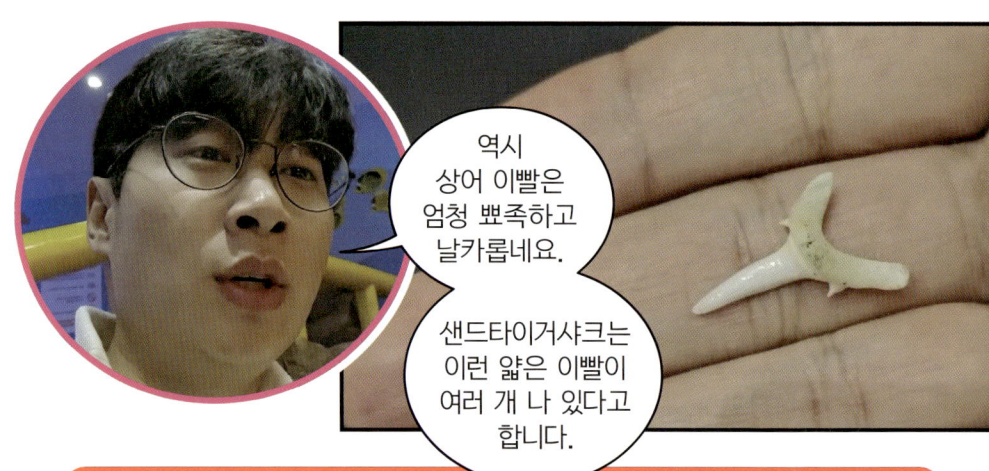

역시 상어 이빨은 엄청 뽀족하고 날카롭네요.

샌드타이거샤크는 이런 얇은 이빨이 여러 개 나 있다고 합니다.

얇고 긴 이빨을 가진 샌드타이거샤크.

여러분, 놀라운 사실은 상어마다 이빨의 모양이 다르다고 해요.

상어는 모두 비슷한 생김새의 이빨을 가진 줄 알았는데 정말 신기하네요~.

정브르의 생물 탐구

강, 바다, 연못 등 다양한 물속에는 물고기뿐만 아니라 파충류, 포유류, 곤충 등 신비하고 아름다운 생물이 살아가고 있어요.

★정브르의 생물 탐구★

생물 이름 : 인도가비알

인도가비알은 많은 개수의 이빨과 가늘고 긴 주둥이가 매력적인 악어예요. 주로 인도의 인더스강, 갠지스강 등 큰 하천에서 서식해요.

· 크기: 약 4~7m
· 먹이: 물고기
· 사는 곳: 큰 하천

★정브르의 생물 탐구★

생물 이름 : 물범

물범은 우리나라 천연기념물로, 물개와 비슷한 생김새를 가졌어요. 물개와 물범을 구분할 때는 귓바퀴를 보면 돼요. 귓바퀴가 있다면 물개, 없다면 물범이에요.

· 크기: 약 1~2m
· 먹이: 물고기, 갑각류 등
· 사는 곳: 바다

영상으로 확인해 봐요!

3화
브르, 회귀성 어류인 황어를 만나다!

오늘은 연어처럼 *회귀성 어류인 황어를 만나러 왔어요.

산란철에 황어는 *혼인색을 띠어서 몸의 색깔이 아주 아름다워요.

물고기들이 상류로 올라갈 수 있게 만든 어도.

브린이를 위한 상식
황어는 대부분 강에서 태어난 뒤 바다로 내려가 서식하는 물고기예요. 주로 동아시아 지역에 서식하며, 우리나라의 동해안에서도 쉽게 발견할 수 있지요.

우아!

파닥

파닥

*회귀성: 어류 따위가 다른 곳으로 이동해 살다가 산란을 위해 다시 태어난 곳으로 되돌아오는 습성.
*혼인색: 일부 동물의 번식기에 다른 성의 개체를 끌기 위해 나타나는 색이나 무늬.

혹시나 돌에 막혀서 갇힌 친구들이 있으면 구출해 주려고 했는데, 모두 길을 잘 찾아간 것 같아요.

얼마나 힘차게 헤엄쳤는지 돌이 깔끔해졌습니다.

특이하게도 황어는 태어났던 곳의 물 냄새를 기억하고 되돌아온다고 해요.

내가 좀 똑똑해~.

어도

저기 보이는 구조물이 바로 어도입니다.

물고기가 급류를 타고 하류에서 상류로 올라갈 수 있게 만들어 놓은 물고기 길이에요.

*2차 담수어: 주로 민물에 살지만 바닷물에서도 잘 견디는 물고기.

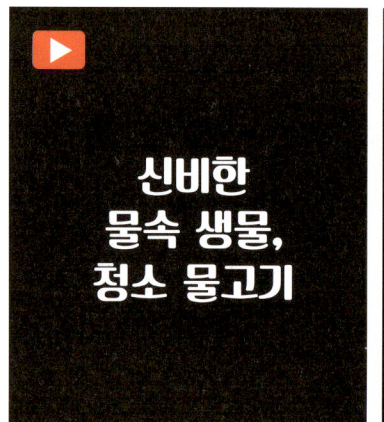

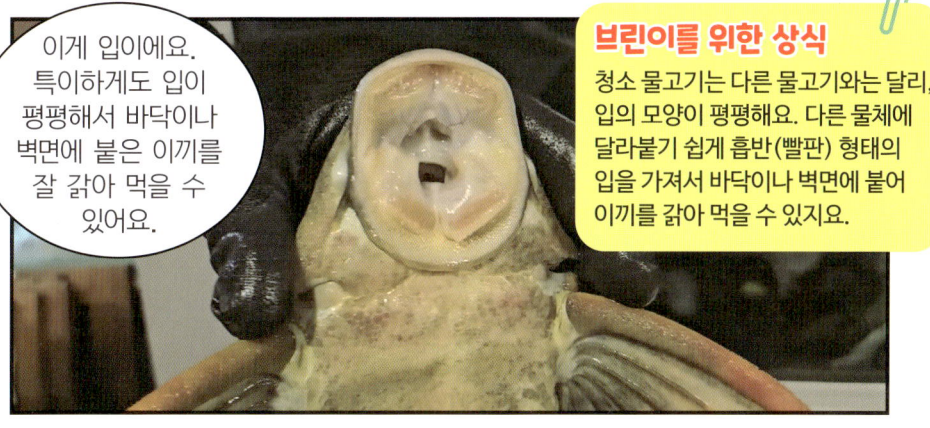

*원종: 품종에 대해 본래의 성질을 가진 종자.

골든아처피시 성체 모습.

정브르의 생물 탐구

물고기 중에는 태어났던 곳으로 되돌아오거나 수면과 해저를 오가는 등 특이한 특징을 가진 물고기도 있어요.

★정브르의 생물 탐구★

생물 이름: 연어

연어는 깊은 바다에서 살아가다가 산란기가 되면 태어났던 강으로 되돌아가는 회귀성 어류예요. 산란기에는 암컷과 수컷 모두 혼인색을 띠지요.

· 크기: 약 60~80cm
· 먹이: 물고기, 갑각류 등
· 사는 곳: 깊은 바다

영상으로 확인해 봐요!

★정브르의 생물 탐구★

생물 이름: 대구

한국, 일본, 미국 등지에 분포하는 대구(大口)는 이름에 한자 '큰 대'와 '입 구'자를 써요. 그만큼 커다란 입을 가지고 있는 심해어지요. 커다란 입으로 오징어, 문어, 새우 등 다양한 생물을 잡아 먹어요.

· 크기: 최대 약 1m
· 먹이: 물고기, 갑각류 등
· 사는 곳: 연안

영상으로 확인해 봐요!

4화
토종 민물게, 나주게를 발견하다!

오늘은 일본의 민물게인 사와가니와 굉장히 흡사해서 토종인지 외래종인지 구분이 어려웠던 나주게,

이 친구를 채집하고 소개해 주려고 왔습니다.

일부 지역에서만 서식하는 나주게.

이곳에 토종 우렁이가 정말 많네요.

다슬기도 많고 물이 정말 깨끗한 것 같아요~.

우렁이

또 찾았어요!

들켰다!

수컷이에요. 집게가 엄청 커요.

최근에 탈피한 건지 아니면 싸웠는지 다리 하나가 잘려져 있어요.

사냥할 때도 이 날카로운 다리를 사용해 먹이를 붙잡습니다.

오자마자 나주게 한 쌍을 채집했습니다.

잡혔다!

수컷 한 마리를 더 발견했어요.

국내에 나주게가 자주 보이는 것은 우리나라에서 *자생해서 번식했다는 증거입니다.

이 친구가 바로 우리나라 나주게와 굉장히 흡사한 일본의 사와가니라는 민물게예요.

많이 닮았죠?

브르, 반가워!

사와가니

64 *자생하다: 저절로 나서 자라다.

브린이를 위한 상식
주름돌기개구리라고도 불리는 옴개구리는 등면이 작은 돌기로 덮여 있어요. 주로 평지나 얕은 산지에 서식하며 두꺼비처럼 독을 가지고 있어요.

옴개구리다! 온몸에 돌기가 볼록하게 튀어나온 게 특징이에요.

특이하게 이 친구는 올챙이 때도 동면하는 걸로 유명합니다.

나랑 놀자~!

미국 가재의 탈피 껍질을 발견했어요!

이쪽까지 올라와서 살고 있나 봐요.

걱정 나주게들이 안전해야 할 텐데.

지금까지 발견한 나주게예요. 작은 친구들은 풀어 줄게요.

브린이를 위한 상식
나주게는 강과 같은 민물에 서식하는 민물게로, *담수 생물에 속해요. 생활과 번식을 모두 담수에서 하며, 작은 수서 곤충이나 수초를 먹으며 살아가요.

*담수 생물: 민물에 서식하는 모든 생물.

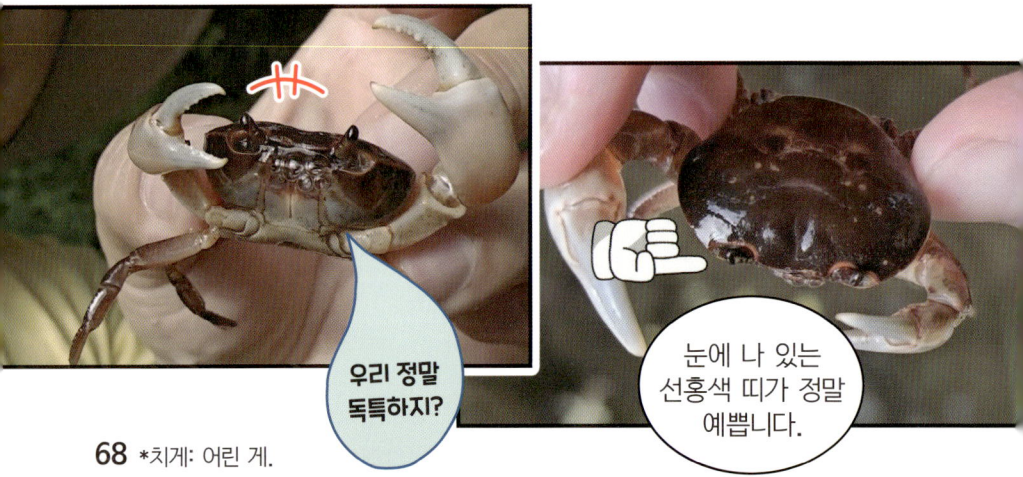

*치게: 어린 게.

*계류: 산골짜기에 흐르는 시냇물.

브린이를 위한 상식

가재는 게처럼 아가미가 젖어 있을 때에는 물 밖에도 돌아다닐 수 있지만, 아가미가 마르지 않도록 주의해야 해요. 종에 따라 민물, 바다 등 다양한 지역에서 서식하지요.

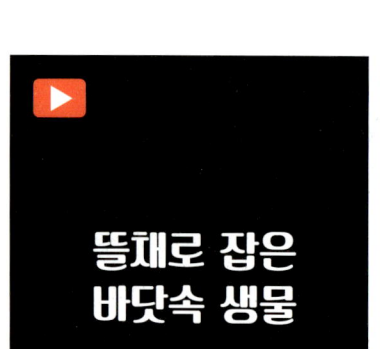

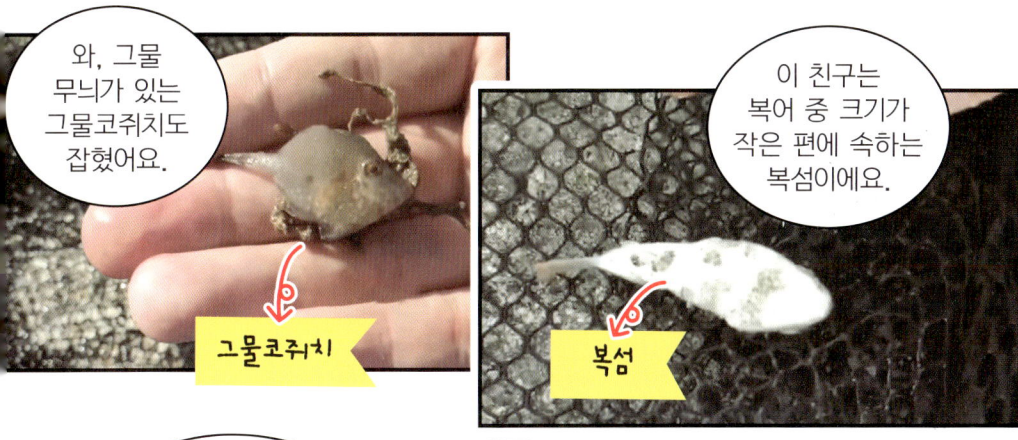

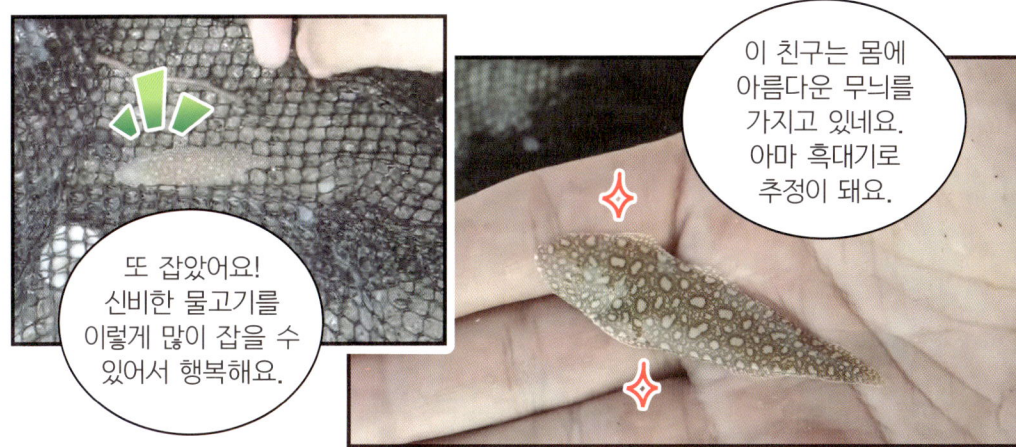

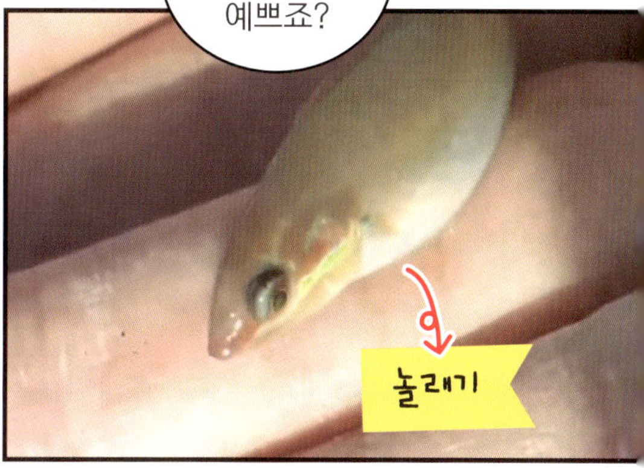

정브르의 생물 탐구

사람의 발톱과 손톱이 깎이거나 뽑혀도 다시 재생되는 것처럼
신체 일부가 잘리거나 심한 상처를 입어도 재생되는
신비한 생물이 있지요.

★정브르의 생물 탐구★

생물 이름: 불가사리

바닷속에 서식하는 불가사리는 주로 5개의 팔을 가지고 있으나, 종에 따라 더 많은 팔을 가진 개체도 있어요.
오각형 혹은 별 모양이며 조개, 달팽이 등의 작은 생물을 먹어요.

영상으로 확인해 봐요!

★특이하고 놀라운 재생 능력★

불가사리는 몸이 잘려도 죽지 않고 다시 재생하는 능력을 가지고 있어요. 불가사리처럼 재생 능력을 가진 대표적인 생물로는 해삼과 도롱뇽이 있지요.

해삼과 도롱뇽 또한 신체의 일부가 잘려도 재생이 가능한 생물이에요. 또한 해삼은 외부로부터 위협을 느끼면 내장을 쏟고 도망가는 데 내장도 재생이 돼요.

해삼

도롱뇽

브르의 물속 동물 탐구 노트-②

별별 물속 동물 상식

먹이가 풍부한 해역에 서식하는 범고래는 높은 지능과 뛰어난 신체 능력으로 '바다의 포식자'라는 별명이 있어요. 등 위로 높게 솟은 등지느러미가 특징이며, 여러 마리가 함께 무리 생활을 해요.

생물 이름: 범고래

생물 이름: 대왕쥐가오리

만타가오리라고도 불리는 대왕쥐가오리는 가오리 중에서도 거대한 크기를 가진 종이에요. 돌출된 머리 지느러미와 삼각형 모양의 가슴지느러미가 특징이며, 주로 열대, 아열대, 온대 지역의 바다에 서식해요.

개복치는 좌우로 납작하게 눌린 듯한 몸이 가장 큰 특징인 물고기예요. 온대, 열대 지역에 서식하며, 바다의 수면부터 깊은 수심까지 넓은 범위를 오가며 생활해요.

생물 이름: 개복치

생물 이름: 앵무고기

머리와 돌출된 이빨의 생김새가 앵무새의 부리를 닮았다고 하여 앵무고기라는 이름이 붙었어요. 앵무고기는 대부분 초식성이며, 약 80여 종이 살고 있는 것으로 알려졌어요.

갈매기는 주로 바다, 호수 등 물가에 서식하는 물새예요. 물갈퀴가 달린 발이 특징이며, 몸길이는 약 40cm이지요. 잡식성으로 물고기, 벌레, 열매 등 다양한 먹이를 먹어요.

생물 이름: 갈매기

생물 이름: 소금쟁이

소금쟁이는 물 위를 걸어 다니는 특이한 곤충이에요. 하천, 연못 등 비교적 고요한 물에서 생활하며, 물 위에 떨어진 곤충이나 죽은 물고기의 체액을 빨아 먹어요.

5화
특이한 바다 생물 잎갯민숭이의 정체?!

흰동가리

나랑 놀자~!

여러분~, 오늘은 특이한 바다 생물을 소개해 드리려 해요.

그 전에 이 친구 좀 보세요! 흔히 니모라고 불리는 흰동가리예요. 하얀 줄무늬가 아주 귀엽네요~.

말미잘

내 짝꿍이야!

흰동가리가 말미잘 사이로 들어갔어요. 둘은 서로 도우며 함께 사는 공생 관계예요.

서로 공생하며 사는 생물이 있다는 것이 흥미롭네요~.

말미잘은 물에 떠다니는 플랑크톤부터 자신의 몸보다 더 큰 물고기까지 다양한 먹이를 먹어요.

브린이를 위한 상식

말미잘은 촉수에 찌르는 기관인 자포를 가지고 있는 동물이에요. 독을 지닌 자포를 이용해 먹잇감을 사냥하고 자신을 지켜요. 하지만 같은 자포동물인 해파리와 달리 물속에 *부유하지 않고, 바닥에 붙어서 생활하지요.

말미잘에게 먹이를 줘 볼게요.

먹이

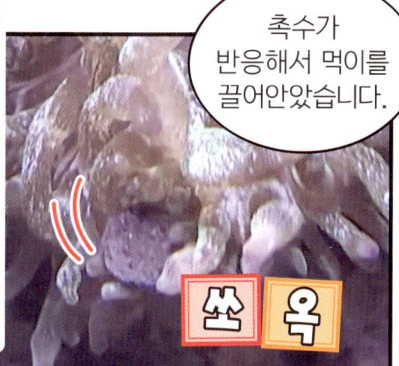

촉수가 반응해서 먹이를 끌어안았습니다.

쏘 옥

반가워!

이 친구는 레더산호예요. 식물이라고 생각하는 분들도 많은데, 자포동물에 속해요.

산호는 물속 생물의 안식처가 되어 주는 등 생태계를 유지하는 데 도움을 줘요.

레더산호

*부유: 물속, 물 위 혹은 공기 중에 떠다님.

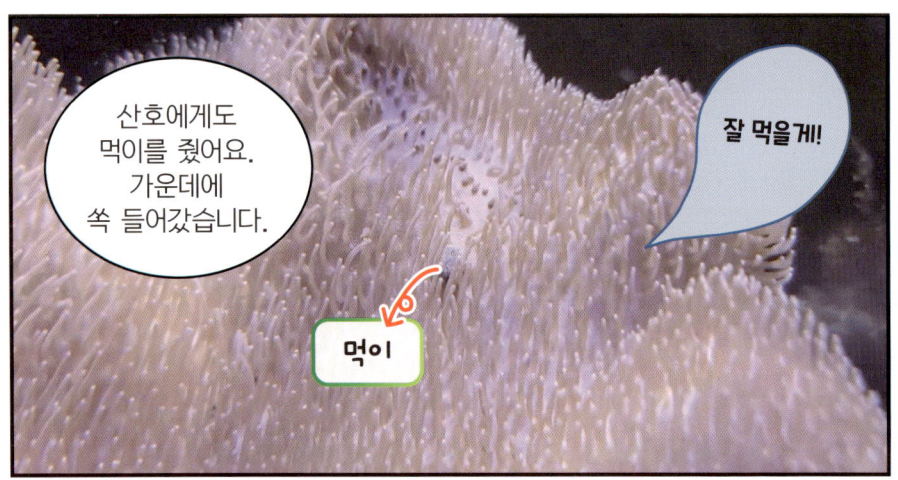
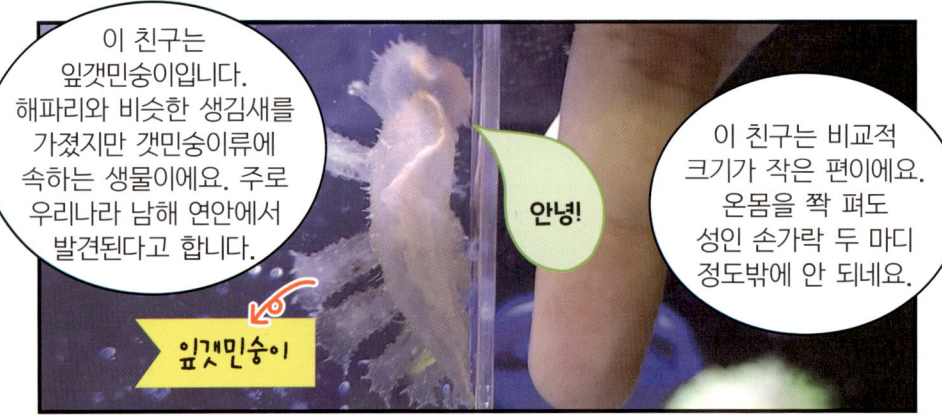

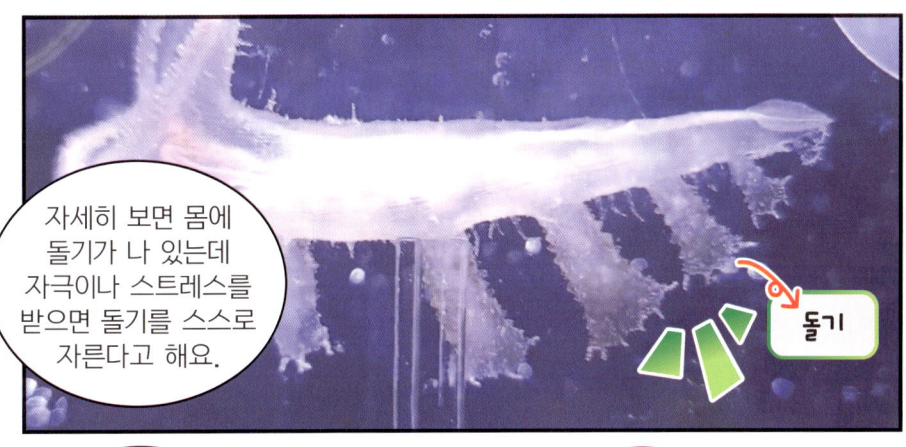

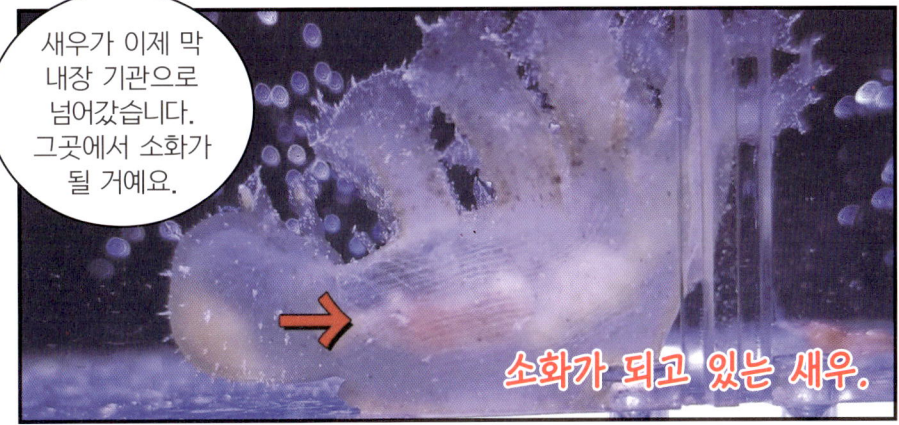

신기하고 재밌는 생물이 가득한 자연!

*복족강: 연체동물문의 한 강.

어마어마한 민물 최상위 포식자

오늘은 풍경이 아름다운 연천에 왔습니다. 어떤 친구들을 만날지 기대가 돼요.

깔대기거미

이동 중에 깔때기거미 수컷을 만났어요.

시작부터 생물 친구가 반겨 줘서 기분이 좋네요~.

브르다!!

가물치는 민물고기 중에서 최상위 포식자에 속하는데요.

크기도 크고 힘도 아주 센 친구예요. 민물에 왔으니 가물치는 꼭 보고 싶네요.

과연 오늘 만날 수 있을까요?

물이 조금 흐려서 잘 보이지 않아요.

우선 그물질을 해 볼게요.

아무것도 보이지 않는 물속.

촤악

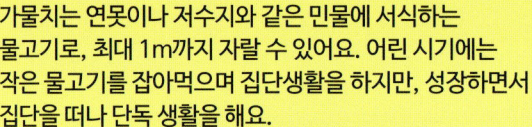

브린이를 위한 상식

가물치는 연못이나 저수지와 같은 민물에 서식하는 물고기로, 최대 1m까지 자랄 수 있어요. 어린 시기에는 작은 물고기를 잡아먹으며 집단생활을 하지만, 성장하면서 집단을 떠나 단독 생활을 해요.

지금은 작지만 성장하면 어마어마한 크기를 자랑해요. 성체가 되면 이 친구들이 몸의 길이만 약 17~20cm인 황소개구리를 잡아먹어요.

가물치 처음 봐?

나중에 커서 만나자~.

그래~.

앗! 이게 뭐지? 물속에 줄이 있어요.

누가 쓰고 버린 통발이네요.

환경과 생물의 보호를 위해서 쓰레기는 잘 수거해야 해요.

통발

물속이 다 보일 정도로 물이 맑은 곳으로 이동했어요.

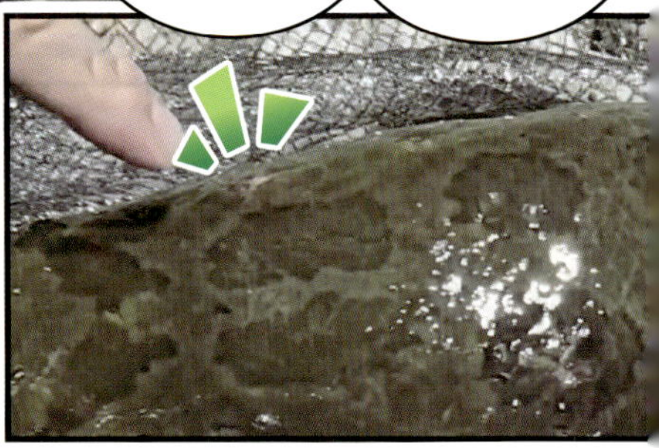

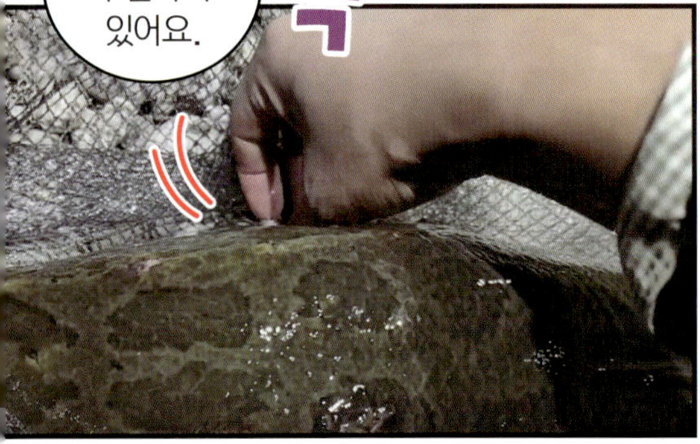

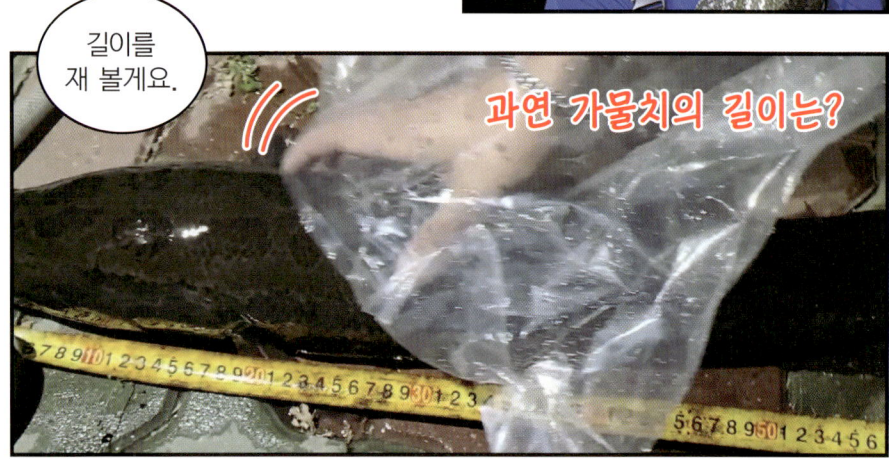
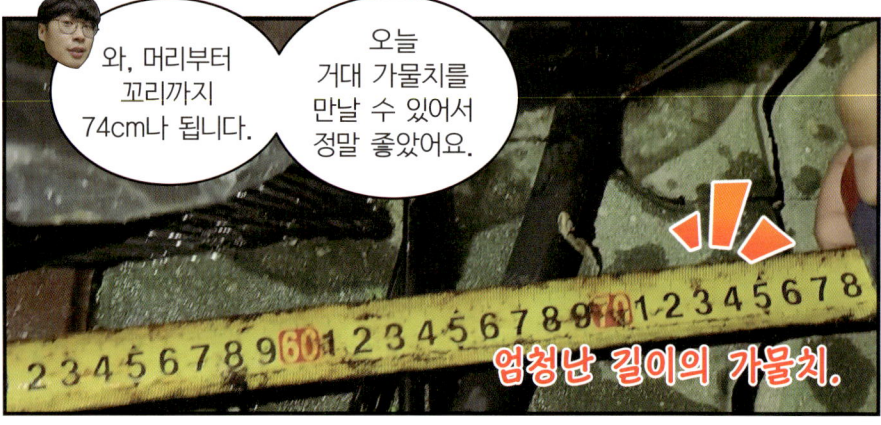

정브르의 생물 탐구

서로 돕고 협력하는 것을 공생이라고 해요.
세상에는 서로 공생하며 살아가는 다양한 생물이 있지요.

★정브르의 생물 탐구

생물 이름 : 가는손부채게

가는손부채게는 양 집게에 말미잘을 하나씩 들고 다녀요. 주로 독성이 있는 말미잘을 사용해 말미잘의 독으로 천적이 다가오지 못하게 막지요. 말미잘 하나를 잃어버렸을 땐 다른 하나를 찢어서 양손에 들어요.

★서로 도우며 살아가는 동물★

공생에는 서로를 도와 두 생물이 모두 이익을 얻는 상리 공생이 있어요. 대표적인 상리 공생으로는 말미잘과 흰동가리가 있지요.

흔히 니모라고 알려진 흰동가리와 말미잘은 떼어낼 수 없는 공생 관계예요. 말미잘은 흰동가리에게 숨을 수 있는 보금자리를 내어 줘요. 또한, 흰동가리는 포식자를 유인해서 말미잘에게 먹이를 제공해 주지요.

말미잘

흰동가리

브르, 하천 안에서 외래종을 발견하다!

오늘은 '구피천'이라 불리는 곳에 탐색을 왔어요. 이곳에는 불법적으로 버려진 구피가 많은 곳이라 '구피천'이라 불린다고 합니다.

저는 대중적으로 구피라 부르지만 사실 올바른 한글 표기는 거피예요.

동사리 새끼다! 이 친구는 우리나라 *특산종이에요.

즐거운 저녁이에요~.

이게 뭐지?

안녕?

쓱

아…. 누군가가 방생한 청소 물고기 종류예요. 이미 이 곳에는 이런 외래종이 굉장히 많다고 해요. 정말 안타까운 상황이에요.

브린이를 위한 상식

원래 우리나라에서 서식하지 않던 물고기가 발견되는 이유는 바로 방생 때문이에요. 사람들이 멋대로 방생한 물고기가 새로운 환경에 정착한 것이지요. 외래종의 방생은 우리나라 생태계를 위험하게 만들 수 있어요.

*특산종: 어떤 지역에 특별히 나는 종.

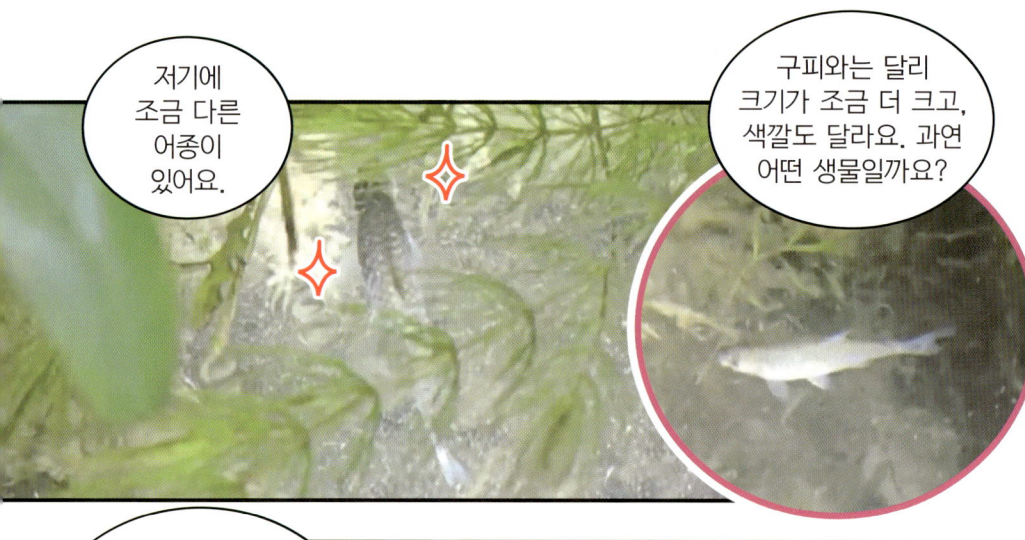

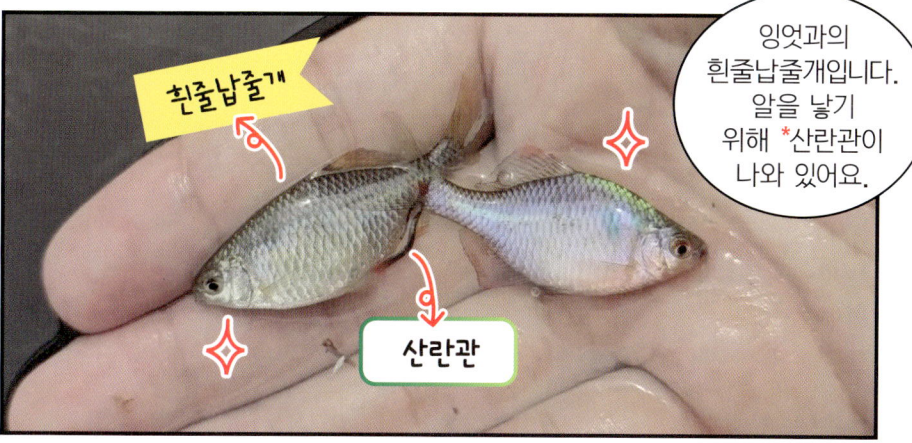

*산란관: 곤충류 따위가 알을 낳는 기관.

*각시: '아내'를 달리 이르는 말.

다양한 종류의 물고기.

브린이를 위한 상식
돌고기는 잉엇과 민물고기로, 주로 물이 맑고 느리게 흐르는 하천에서 서식해요. 원래는 돼지를 뜻하는 돈(豚)을 넣어 돈고기라고 불렸으나, 발음이 어려워 돌고기로 이름이 바뀌었어요.

민물고기인 돌고기는 몸이 길고 다소 통통한 편이에요.

돌고기

퉁가리는 우리나라 고유종으로, 머리 부분이 납작해서 메기와 생김새가 비슷해요.

입 주변에 있는 네 쌍의 수염이 특징인 친구예요.

퉁가리

물이 맑고 자갈이 깔린 곳에 주로 살아요.

브린이를 위한 상식
모래무지는 강의 모랫바닥에서 서식하며, 이름처럼 모래 속에 숨는 특징이 있어요. 주로 작은 동물이나 곤충을 잡아먹으며, 모래와 함께 먹이를 삼켰다가 모래만 걸러 다시 아가미구멍으로 내보내지요.

브린이를 위한 상식
우리나라 고유종 민물고기인 동사리는 우리나라의 강 곳곳에서 발견할 수 있어요.
번식기가 되면 수컷의 영역에 암컷이 찾아와 알을 낳고, 수컷은 알이 부화할 때까지 알을 보호해요.

정브르의 생물 탐구

물고기는 종에 따라 서식 환경이 완전히 달라져요.
따뜻한 열대, 온대 지방부터 추운 극지방, 바다, 강, 하천까지 온도와
물의 종류 등으로 나눌 수 있어요.

★정브르의 생물 탐구★

생물 이름: 토좌금

금붕어의 일종인 토좌금은 아름다운 꼬리지느러미가 특징이에요. 부채처럼 넓게 펼쳐져 있어서, 가장자리가 뒤집히는 반전이 일어나지요.

· 크기: 약 15cm
· 먹이: 실지렁이 등
· 사는 곳: 아열대 지방의 따뜻한 물

★정브르의 생물 탐구★

생물 이름: 강준치

강준치는 호수나 강처럼 물살이 느린 곳에 서식하는 민물고기예요. 다른 물고기를 마구 잡아먹고 번식력도 강해 생태계를 교란시켜서 유해 어종으로 분류돼요.

· 크기: 평균 약 40~50cm
· 먹이: 물고기, 갑각류 등
· 사는 곳: 강의 중, 하류

7화
브르, 갯벌에 방문하다!

오늘은 서해안에 왔습니다.

다행히 지금은 물이 빠지는 썰물 시간이에요.

아름다운 서해안!

우아~ 갯벌에 단단하게 박혀 있는 키조개를 발견했어요!

덥석

키조갯과의 연체동물인 키조개는 마치 부채와 닮은 모양이에요.

키조개

브린이를 위한 상식
커다란 삼각형 모양의 껍데기를 가진 키조개는 썰물 때에 물이 빠진 갯벌에서 자주 발견할 수 있어요. 주로 7~8월 즈음 산란을 하며, 이 시기에는 키조개를 잡는 것이 금지되어 있어요.

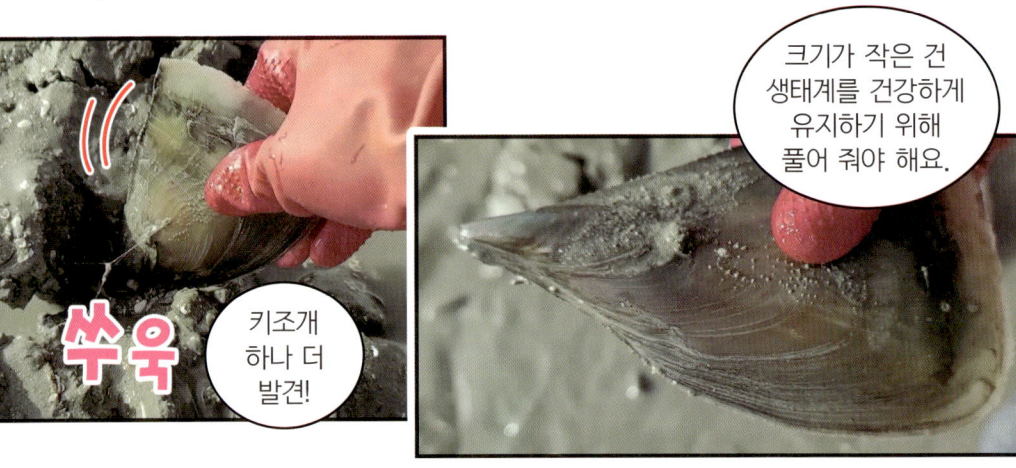

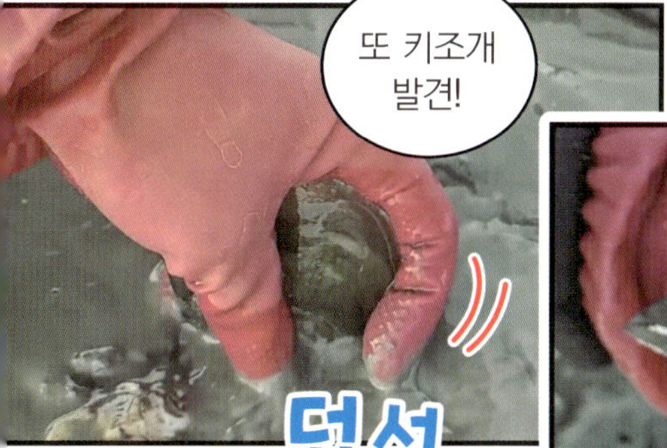

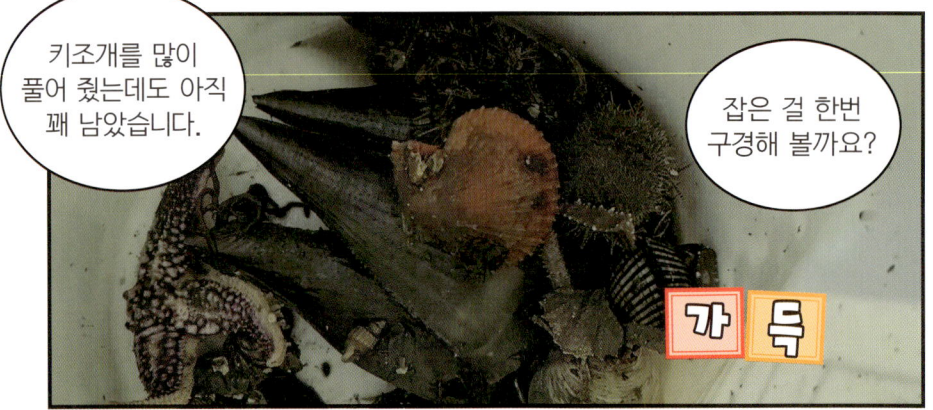

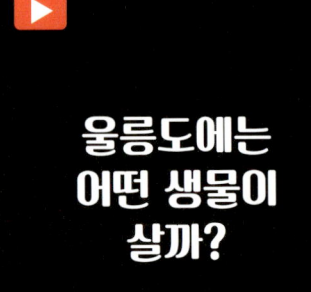

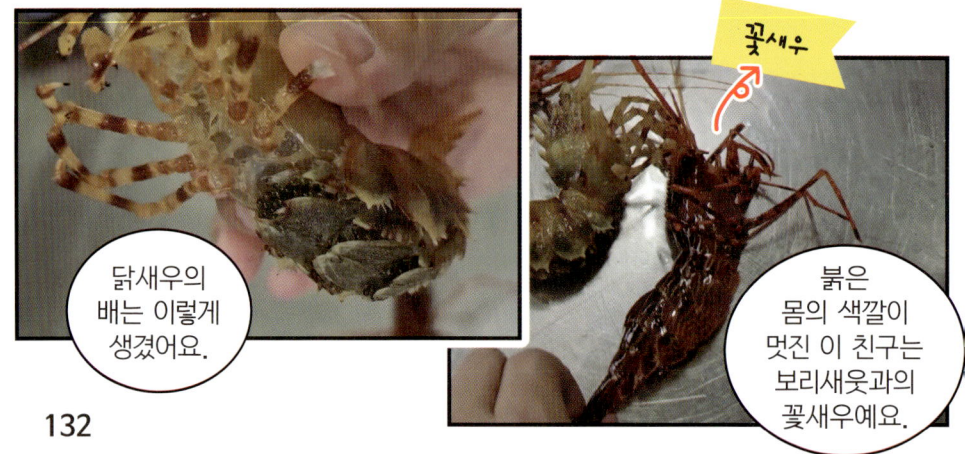

아주 생생하고 멋진 친구들이에요. 실제로 보니 크기가 정말 크네요~.

귀염

쥐치 종류와 돌돔 등 다양한 친구들이 가득 있어요.

싱싱한 전복, 해삼도 있네요.

와, 역시 이 부근에서 잡히는 새우가 정말 크고 멋지네요.

헤헷~.

브린이를 위한 상식

바위틈에서 발견할 수 있는 거북손은 머리 부분이 거북의 다리와 닮아 있어요. 한 번 바위에 붙고 나면 이동할 수 없으며, 한 마리가 암컷과 수컷의 생식 기관을 모두 가지고 있는 자웅동체 생물이에요.

정브르의 생물 탐구

우리나라에서는 볼 수 없지만, 외국에 서식하는 독특한 생물도 많아요. 같은 명칭의 생물이라도 사는 곳에 따라 생김새나 생활 방식이 조금씩 달라요.

영상으로 확인해 봐요!

★정브르의 생물 탐구★

생물 이름: 위디해룡

위디해룡은 호주의 온대 해역에 서식하는 해마와 같은 실고깃과의 생물이에요. 해마와 해룡은 비슷한 생김새를 가지고 있지만 해마는 꼬리가 둥글게 말렸고 해룡은 뻗어 있는 모양이지요.

· 크기: 약 45cm
· 먹이: 보리새우, 유생 어류 등
· 사는 곳: 바위가 많은 암초 지대

★지역에 따라 생김새가 다른 동물★

같은 명칭의 생물도 사는 곳에 따라 생김새가 완전히 다르기도 해요. 생김새뿐 아니라 몸 크기, 먹이, 성격 등에서도 차이가 있어요.

대표적으로는 유라시아수달과 큰수달이 있어요. 유라시아수달은 우리나라를 포함한 유라시아 전역에 분포하며 몸길이는 약 1m, 몸무게는 8kg 정도이지요. 하지만 남아메리카에 서식하는 큰수달은 몸길이가 최대 1.5~2m이고 몸무게는 약 30kg으로 훨씬 거대해요.

유라시아수달

큰수달

인기 게임 〈무한의 계단〉
정보와 재미 무한대 출동!

유튜브 인기 애니메이션

뚜식이

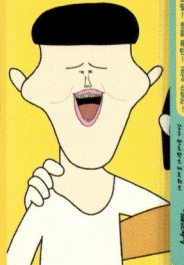

엉뚱 발랄 **뚜식이 뚜순이** 남매의 웃음 폭탄 이야기!

"오늘 읽을 〈뚜식이〉를 내일로 미루지 말라!"
— 천재 뚜식이의 말씀 —

뚜식이 특★판

ⓒ뚜식이, ⓒSANDBOX NETWORK. 구입문의 02-791-0708 (출판마케팅) 서울문화사

현실 세계의 영혼이 게임에 봉인됐다!

도티와 영원의 탑

게임을 시작하시겠습니까?

감수 샌드박스네트워크 | 184쪽 | 값 14,000원

©SANDBOX NETWORK. 문의 전화 : 02) 791-0754 서울문화사

생물 크리에이터 정브르와 떠나는 신비로운 생물 탐험!

구독자 수 135만 명
유튜브 조회 수 7억 회

NEW 정브르의 열대동물일기

브린이들 하이! 브르랑 다양한 생물 탐험 출발!

정브르의 생생체험 자연관찰 시리즈!

① 정브르의 동물일기
② 정브르의 곤충일기
③ 정브르의 파충류일기
④ 정브르의 아마존일기
⑤ 정브르의 희귀동물일기
⑥ 정브르의 맹독생물일기
⑦ 정브르의 반려동물일기
⑧ 정브르의 열대동물일기 NEW

각 권 13,000원

구입 문의 (02)791-0754